AF452872

NOTICE

SUR LES

ÉTABLISSEMENTS

DE LA

SOCIÉTÉ COCKERILL

PAR

Pierre **JACQUEMIN**

———⟶◇⟵———

LIÉGE

IMPRIMERIE DE LÉON DE THIER

——

1880

NOTICE

SUR LES

ÉTABLISSEMENTS DE LA SOCIÉTÉ COCKERILL

INTRODUCTION

Le présent opuscule est écrit pour rappeler succinctement quel a été le rôle de John Cockerill et de ses continuateurs dans la grande industrie. Il a pour but principal de fournir des indications positives sur la création des établissements de Seraing, sur leur développement constant, selon les lois du progrès, sur les œuvres industrielles principales auxquelles leur nom reste attaché, enfin sur leur puissance actuelle de production.

D'autres créations de l'espèce, venues après, se sont développées en raison des richesses du sol sur lequel elles sont assises, du mérite des personnes appelées à les diriger, de la valeur des populations ouvrières locales, des conditions qui leur ont été faites par la marche des événements: surtout, en raison de l'étendue du marché sur lequel leur action pouvait s'exercer, avec les avantages que leur garantissaient les restrictions ou les prohibitions douanières.

Les lois de douane des États voisins ont, de tout temps, apporté leur lourd contingent d'entraves aux opérations de la Société COCKERILL. Néanmoins, le développement des établissements de

Seraing s'est continué régulier et puissant, et c'est pour mettre en lumière les traits principaux qui le caractérisent, et la place que ces établissements occupent dans le monde industriel, que les indications ci-après sont livrées à la publicité.

- - -

La présente édition étant principalement destinée aux visiteurs de l'Exposition nationale de 1880, nous indiquons ici qu'en 2 1/2 heures, ils peuvent se rendre de Bruxelles à Seraing, par Namur ou Louvain, et que les personnes s'intéressant, *par état*, à l'industrie du fer, de l'acier et de la construction mécanique, peuvent obtenir l'autorisation de visiter les établissements Cockerill.

- - -

Exposition.

L'Exposition de la Société Cockerill, à Bruxelles, comprend :

A. La collection des combustibles et des minerais de la Société ;

B. La collection des fontes, des fers et des aciers qu'elle produit ;

C. Des spécimens spéciaux de ses pièces de fonderie et de forge ;

D. Les machines dont la désignation suit :

1° Une machine d'épuisement Compound à rotation, à deux cylindres et à condensation, de la force nominale de 1,000 chevaux, commandée pour le Mansfeld (Prusse) ;

2° Une machine Compound à hélice, force nominale 90 chevaux, pour transport de 1,200 tonneaux de la flottille de la Société Cockerill ;

3° Une machine Compound à roues, force nominale 70 chevaux, pour bateau à faible tirant d'eau, commandée pour le fleuve Amour (Kamtschatka);

4° Une locomotive à marchandises pour l'État Belge;

5° Une locomotive pour fortes rampes pour l'État Belge;

6° Une locomotive pour la Compagnie du Nord-Belge;

7° Trois locomotives industrielles, type I, II et III;

E. 8° Une chaudière pour locomotive, État Belge;

9° Une chaudière Mac Nicol, force nominale 80 chevaux;

10° Un pulvérisateur de charbon, système Lucop et Cⁱᵉ, Richard Cook;

11° Un canon de siége, deux canons de campagne, un canon de montagne, avec affûts.

Une brochure spéciale donne les indications relatives aux objets exposés, et un plan en relief, au 1/80ᵐ, permet aux visiteurs de juger de l'ensemble des établissements Cockerill, à Seraing, auxquels ont été ajoutées, comme complément, les installations du chantier des constructions navales de la Société, à Hoboken, près Anvers.

SERAING

Seraing est situé sur le cours de la Meuse, à deux lieues en amont de Liége.

En 1817, époque à laquelle John Cockerill vint y établir ses ateliers, la population de cette commune se composait de dix-neuf cent-quatre-vingts habitants, lesquels, selon les chroniques, pouvaient descendre des Cérésiens, peuplade qu'eut à combattre César, et dont il cite le nom à côté de ceux des Éburons et des Condroziens.

L'histoire, à ces hauteurs, ne fournit cependant que cette dénomination de Cérésiens, sans détail autre sur la localité.

Seraing.

Le château de Seraing. Il faut descendre au moyen-âge pour y trouver les traces d'une résidence ou d'un château des Princes-Évêques de Liége, une famille guerroyeuse et des abbés possédant la terre.

La rare population d'alors vivait de cette terre, de la jouissance du droit de pacage dans les terrains incultes et les bois environnants, de l'exploitation de la houille et de ce qui s'y rattache.

Les habitants de Seraing étaient bourgeois de la noble Cité de Liége. Ils jouissaient, à ce titre, des libertés et franchises inscrites dans la charte octroyée à la bonne ville, en 1198, par Albert de Cuyck, étendue en 1343, par Adolphe de la Marck, à la banlieue.

Ils étaient ainsi hommes libres autant qu'on le puisse être, et fiers de ce bien précieux, apanage, alors, en beaucoup de contrées, de la noblesse seule.

Seraing est assis sur cette formation carbonifère qui entre en Belgique par le Hainaut, la traverse de l'Ouest à l'Est, et quitte la frontière belge par Henri-Chapelle et Welkenraedt.

Encaissés, de Charleroi à Namur, dans la vallée de la Sambre, et, de Namur à Liége, dans la vallée de la Meuse, les terrains houillers s'amincissent dans ce dernier parcours ; le calcaire carbonifère borde la rive gauche du fleuve jusqu'à Flémalle ; puis, plongeant tout-à-coup, laisse les couches charbonneuses se reproduire plus nombreuses, plus puissantes et plus riches.

Ces couches passent sous toute la superficie de Seraing.

La commune mesure environ quatre et demi kilomètres de longueur le long de la Meuse, c'est-à-dire de l'Ouest à l'Est. Le sol, extrêmement fertile dans la vallée, s'élève graduellement du Nord au Sud, et atteint, à mi-côte, à soixante mètres environ au-dessus du niveau de la Meuse (cent-trente au-dessus du niveau de la mer), les grès quartzo-schisteux du terrain anthraxifère. La nature change alors d'aspect. A la terre noire végétale et aux limons mêlés de schistes houillers, succèdent les schistes rouges et l'argile smectique ; les grès rouges, bruns, verts, sortent de terre ; les eaux pluviales ne sont plus absorbées comme dans la vallée ; le jonc, les genêts, le houx apparaissent : c'est la région condrozienne qui se montre, limitée par ses bouquets de bois.

La formation carbonifère trace à la surface, en beaucoup d'endroits, ses lignes d'une

manière apparente, et les couleurs différentes du terrain houiller, et des terrains
antérieurs, divisent, sur les hauteurs de
Seraing, les champs de culture.

Découverte de la houille sur les hauteurs de Seraing. vers 1190.

Les communes de Seraing et de Plainevaux étant limitrophes et la formation carbonifère ne s'étendant pas sur le territoire
de cette dernière, il est à peu près incontestable que ce Hullos, « ce prud'homme houil-
leux, » ce forgeron de Plainevaux (voyez
Burat), qui, le premier, vers 1190, s'est
servi de la houille et lui a donné son nom,
avait tiré cette houille de l'une des couches
qui percent la terre végétale sur les hauteurs de Seraing.

« Et devez scavoir que le mariscal fut nomé
« Hullos de Pleunevaulx, dy, que partant,
« nomma-t-on les houilles, » dit le chroni-
queur Jean d'Outremeuse, qui vivait au
milieu du XIVe siècle.

Dès que le pied foule la formation carbonifère dans le parcours de Seraing, les traces
des anciens travaux se montrent. Partout
les monticules de schistes houillers indiquent
l'emplacement des bures par lesquelles les
couches charbonneuses ont autrefois été
fouillées à 50, 70, 100 et 120 toises de profon-

deur, et partout ces monticules, comme les tumulus de la voie romaine, ont couvert les ossements d'une race vaillante, dont la lutte s'est soutenue depuis sept siècles, modifiée sans doute, moins téméraire, mais dure encore aujourd'hui. Avant l'invention de la lampe de Davy, de la lampe Mueseler, la chandelle du mineur allumait trop souvent le gaz fatal, et la machine d'épuisement s'est posée, en beaucoup d'endroits, sur des gouffres où se sont produites des scènes dont l'horreur ne peut être dépassée.

La tradition des grandes catastrophes s'est longtemps conservée : la chaumière du mineur avait, pour les veillées, ses contes lugubres, empruntant aux lieux où les drames s'étaient accomplis des couleurs inconnues à toute autre lutte de l'homme contre les forces de la nature.

Aux richesses souterraines, plus considérables à Seraing qu'en tout autre point du bassin; à la fertilité des limons qui recouvrent la formation carbonifère; aux eaux abondantes; à la salubrité de l'air, alors que l'industrie n'y avait pas pris les développements actuels, s'ajoutaient pour cette localité d'autres jouissances, d'autres faveurs.

Pour peu que l'on parcoure les sites du vallon de la Meuse, la beauté, la diversité du paysage, de tous les points où le regard embrasse les eaux du fleuve, expliquent assez pourquoi les princes de Liége avaient bâti, à Seraing, leur palais d'été.

L'époque à laquelle remonte la construction du premier château n'est pas connue. Il se trouvait en piètre état et fut restauré vers 1533, au temps d'Érard de la Marck, prince richement doté, qui, par amour des arts et du bien public, aussi pour effacer la souvenance des faits de l'un des siens, Guillaume, le Sanglier des Ardennes, se fit le fondateur et le restaurateur de beaucoup d'édifices dans la principauté.

Un siècle s'écoula, après, sans que ce château fût convenablement entretenu. Il tombait en ruine au temps de Georges-Louis de Berg (1724), qui le fit rétablir, l'embellit et l'agrandit. Jean-Théodore de Bavière le fit achever (1744). Il devint propriété nationale lorsque les libres Belges passèrent sous la domination française, servit d'abord d'hôpital militaire, puis fut transformé en magasin à poudre, deux destinations en parfaite harmonie avec les nécessités du régime de l'époque.

Il se compose d'un premier corps de bâtiment de quatre-vingts mètres de longueur, faisant face à la Meuse, dans lequel se trouvaient les appartements des princes-évêques, et qui donne, par une porte cintrée, portant l'écusson de Charles de Velbruck, sur une première cour.

A droite de celle-ci s'élevaient les bâtiments de service; à gauche, l'entrée des jardins.

Au fond, un second corps de bâtiment, beaucoup plus vaste, comprenait les locaux destinés aux personnages de la suite des princes et aux hommes d'armes, le théâtre, les écuries et les magasins.

En 1815, lors de la formation du royaume des Pays-Bas, le palais et ses dépendances restèrent la propriété du domaine public, qui les céda, deux ans plus tard, à MM. James et John Cockerill, pour y établir les ateliers de construction de machines à vapeur et une filature de lin par les procédés qu'ils introduisaient alors dans le pays.

De ces deux hommes, marchant au début dans la même carrière, le plus jeune, John, devait élever à un haut degré de prospérité les lieux dans lesquels il avait établi sa résidence, et remplir le monde industriel de son nom.

JOHN COCKERILL.

John Cockerill ,
né en 1790.
Notice biographique.

John Cockerill, le plus jeune des trois fils d'un constructeur de machines, naquit à Haslingden, dans le Lancashire, le 3 août 1790.

Son père, William Cockerill, partant pour la Suède en 1797, avec ses fils aînés, William et James, en vue d'introduire dans ce pays les procédés mécaniques pour la filature de la laine, laissa le plus jeune en pension chez des parents éloignés. L'enfant eut à subir de mauvais traitements de ceux auxquels il avait été confié, et son instruction fut négligée au point qu'à neuf ans seulement il entrait dans une école primaire.

L'industrie du drap étant peu développée en Suède, les tentatives de Cockerill père pour y faire admettre ses machines avaient échoué. Il s'était alors occupé du commerce des bois et, n'ayant pas mieux réussi, il avait quitté la Suède pour la Belgique, où il se trouvait en 1799, offrant à la maison Biolley, de Verviers, le moyen d'augmenter en proportion très-considérable la production de ses grandes fabriques de drap, par la substitution du travail mécanique au travail à la main.

William Cockerill père, privé, au commencement de son séjour à Verviers, de ressources suffisantes, dut, en retour d'avances que lui avait faites la maison Biolley, s'engager à ne construire de machines que pour elle pendant plusieurs années, ce qui donna lieu à des débats et occasionna le retour de Cockerill en Angleterre.

En 1802, il revint de nouveau en Belgique, amenant, cette fois, son fils John, et établit à Liége, au pied du Pont-des-Arches, sur une très-petite échelle, un atelier de construction de machines à filer.

Les moyens dont il disposait étaient très-restreints. Le travail était entièrement distribué dans la famille. Menuiserie, moulage, forgeage, ajustage, tournage, tout s'exécutait par le père et les fils, et le lot échu au jeune John était, aux premiers jours, de faire mouvoir l'engin à l'aide duquel son père tournait les pièces de machines.

Les métiers construits, fournis librement à la concurrence, eurent un succès rapide. De nombreuses commandes arrivèrent, des offres considérables de fonds suivirent; l'atelier devint bientôt insuffisant.

Cockerill père acquit un spacieux hôtel au Pont-des-Jésuites, à Liége; son outillage y fut transféré, et la production atteignit bientôt un chiffre important par l'élan que lui imprima John Cockerill fils. Ce jeune homme, doué d'une grande vigueur de conception, d'une aptitude singulière pour la construction mécanique, se livrait tout entier au désir irrésistible qui le possédait d'agrandir, de développer, d'étendre sans cesse le cercle de la production, des relations et des affaires.

Grâce à cette activité, appliquée à la construction de métiers utiles, alors peu répandus, Cockerill père acquit une très-grande fortune et une considération telle, qu'il obtint de l'Empire, faveur insigne alors pour un Anglais, la grande naturalisation française.

John et James Cockerill succèdent à William Cockerill père, en 1813.

Il céda l'atelier de Liége, en 1813, à ses deux fils James et John, à l'occasion de leur mariage avec deux demoiselles Pastor, d'Aix-la-Chapelle.

Les deux frères fondèrent des établissements de filature mécanique, en participation, dans plusieurs villes du midi de la France, puis des établissements similaires en Prusse, avec adjonction d'un atelier de construction des machines qu'ils y employaient.

John Cockerill dirigeait, en Prusse, ces constructions. Mais sa préoccupation constante était de revenir en Belgique pour une conception plus grande, une œuvre plus féconde, dont il voulait doter son pays d'adoption.

Ses voyages en Angleterre lui avaient fait apprécier les résultats à obtenir, dans les diverses industries, par l'emploi de la vapeur comme force motrice, l'extension que devait prendre la construction de ces moteurs, et la nécessité, pour en diminuer le prix, d'une grande production de fonte au coke et de fer par les procédés anglais.

Le pays de Liége offrait abondamment tout ce qu'il fallait pour réussir : non-seulement toute une population vouée, depuis des siècles, au rude travail de l'exploitation de la houille, mais aussi l'industrie du fer au bois, largement développée et se perdant dans la nuit des temps.

Sur ce point encore, les chroniques apportent leur témoignage.

Les usines à fer furent presque toutes détruites, en 1468, par Charles-le-Téméraire. Philippe de Commines en parle dans les termes suivants : « Le dit duc se délibéra

« d'aller à Franchimont et logea cinq à six
« jours en une petite vallée, en un village
« qui s'appelait Poleur, et fit brûler toutes
« les maisons et rompre *tous les moulins à*
« *fer* qui estaient au pays, qui est la grande
« façon de vivre qu'ils ayent. »

Et Philippe de Commines citait de mémoire,
ayant suivi son roi Louis XI, lequel avait
été forcé d'assister au sac de Liége par le dit
duc (dont l'âme soit en paix) et « de tous les
« moulins à fer qui estaient au pays. » (DE
BARANTE: *Histoire des ducs de Bourgogne.*)

Citons aussi André Warzée : « Au siècle
« dernier, il y avait des fourneaux au bois à
« Juslenville, Spa, Sprimont, Aywaille,
« Ferrières, Grivegnée, aux Vennes, à Huy.
« En 1738, il est sorti par le bureau de douanes
« de Barvaux, allant sur Liége, 13 millions
« de livres de fer, et les usines de Sambre-et-
« Meuse en livraient aussi une certaine
« quantité. »

L'official Perrin (Liége) écrit, le 31 juillet
1771 : « La fabrique des fers en batterie de
« Theux est un établissement très-renommé
« et le plus florissant d'Europe.

« Cette fabrique, par la bonté et l'utilité
« de ses ouvrages, a acquis un débit immense,
« tant dans les Pays-Bas qu'en France, en
« Hollande et ailleurs. »

Il existait alors des fabriques de l'espèce à Aywaille, St-Hubert, Chanxhe, Dieupart, Raborive et Ferot.

Citons enfin le représentant Camus, disant, en 1803 :

« L'eau d'un ruisseau imprime à Chaud-
» fontaine le mouvement à une multitude de
» roues ; on refend le fer, on fore les canons
» de fusils, on les polit, on fait des clous.
» Chaque maison de paysan est une petite
» usine. Partout on voit le feu de la forge,
» on entend les coups de marteau. »

Ainsi Liége, ses faubourgs et les communes avoisinantes étaient abondamment pourvus de ferronniers, de couteliers, de taillandiers, d'armuriers, de serruriers, de forgerons, ces rejetons des Febvres, le premier, le plus considérable et le plus ancien des 32 métiers, et les environs pouvaient fournir les houilleurs, les fondeurs, les marteleurs.

La matière et le manipulateur existaient. John Cockerill revint de Berlin, acquit, en 1817, le château de Seraing, dépendances et terres, installa dans les salles du château une série d'ingénieurs anglais pour les différentes branches de la construction des machines à vapeur et des machines de filatures,

Acquisition
par John Cockerill,
en 1817,
du château de Seraing.

**Premiers moteurs
à vapeur
construits à Seraing.**

**Fortes machines
marines
construites en 1824
pour l'Atlas,
corvette hollandaise.**

et remplit les annexes d'ouvriers d'élite de la même nation, secondé d'un personnel local complet, recruté, partie à l'atelier de Liége, partie à Seraing et les environs.

Les premiers moteurs à vapeur furent construits pour l'établissement même de Seraing, et bientôt les industries des environs fournirent leur contingent de commandes. La formation du royaume des Pays-Bas avait ouvert aux produits belges de vastes débouchés, dont John Cockerill sut profiter. Des relations suivies avec les principaux personnages de la Néerlande, lui offrirent l'occasion de donner une grande impulsion à la construction des machines pour la navigation. En 1824, des moteurs de 30 et 50 chevaux pour le cabotage sortaient de Seraing. En 1825, de magnifiques machines de 240 chevaux étaient livrées pour la marine de guerre de l'État, au grand dépit des constructeurs anglais, qui trouvaient l'entreprise ridicule et exagérée, la marine anglaise n'en possédant alors que de 150 chevaux. A la même époque étaient construites des machines d'extraction et de fortes machines d'exhaure, qui n'ont été dépassées, comme puissance ou comme système, que très-longtemps après.

A Seraing, tout sortait de terre. Cockerill avait, dès 1820, déposé la demande d'autorisation nécessaire pour la construction d'un haut-fourneau pour fonte au coke.

En 1823, l'ingénieur anglais Mushet, l'un des hommes les plus considérables de l'époque pour les opérations de la sidérurgie, fut appelé pour l'érection de ce fourneau et des installations de la fabrique de fer. On se mit à l'œuvre, en 1824; la mise à feu eut lieu en février 1826, et la machine soufflante marchait le 15 mars suivant.

Les grandes forges et la chaudronnerie se construisaient en 1823-24 : les fours à puddler, à réchauffer et à souder, les laminoirs, les machines de la fabrique de fer étaient mis en services en février et mars 1826; la houillère Henri-Guillaume, avec ses puits, ses galeries, ses aménagements constitués dans des proportions alors inusitées, entrait en pleine exploitation; enfin, la grande fonderie, aujourd'hui encore l'une des plus spacieuses qui existe sur le continent, était construite de 1826 à 1828.

Voilà certes des faits et des dates d'une valeur incontestable pour l'histoire générale de l'industrie.

Cockerill résidait à Liége, le siége de ses

Demande, en 1820, de l'autorisation de construire le premier haut-fourneau au coke sur le continent.

Mise à feu, en février 1826, de ce haut-fourneau et, successivement, des diverses parties de la fabrique de fer.

Installation, de 1826 à 1828, de la houillère Henri-Guillaume, des fonderies et forges.

opérations. A Seraing, Pierre Wéry, succédant à Martin Poncelet, avait repris la direction technique de la construction mécanique, et Conrad-Gustave Pastor, attaché depuis 1815 aux affaires Cockerill, chargé d'abord du recrutement du personnel anglais, puis de l'organisation de la partie métallurgique des usines, avait été appelé à la direction générale des établissements de Seraing.

La marche de celles-ci se régularisait. Le combustible, le fer, les machines, tout trouvait placement, principalement en Hollande pour les ports, les grands travaux de l'État, les arsenaux, les colonies, lorsque la révolution belge vint détruire les relations établies avec cette partie des Pays-Bas. Cette révolution pouvait avoir pour Cockerill et ses créations des conséquences désastreuses. — Protégé et secondé par Guillaume Ier; honoré de l'estime et de l'amitié des hommes les plus considérables du royaume; associé à l'État pour la part non payée de Seraing et pour des avances de fonds; lié par des relations d'affaires au commerce et à la finance des villes principales de la Néerlande, ses sympathies et ses intérêts l'attachaient à l'ordre de choses violemment rompu.

Sous le coup des événements de 1830, Seraing se dépeuple. Il ne reste, en 1831 et 1832, dans les usines, que de rares groupes se demandant, chaque matin, si les portes leur seront ouvertes. Puis le calme renaît, le mouvement se rétablit. En 1833, la situation s'est améliorée. Des négociations s'ouvrent pour la cession des intérêts conservés par l'État dans les usines de Seraing. Elles aboutissent en 1834, et John Cockerill, devenu seul propriétaire de cet établissement, livre l'année suivante, date à noter, la première locomotive et les premiers rails exécutés pour un des premiers chemins de fer du continent, celui de Bruxelles à Malines et d'Ans à Anvers, établi en exécution de la loi du 1er mai 1834.

En 1836 et 1837, les affaires ont repris une grande activité; Cockerill pousse au développement industriel en s'intéressant, pour la fourniture des appareils mécaniques, dans beaucoup d'établissements en construction; les chemins de fer vont aussi être créés en France, en Allemagne; la production se retrouve en-dessous des nécessités ou des prévisions; le deuxième haut-fourneau est mis à feu, les nouvelles chaudronneries et le bâtiment du grand martelage s'élèvent. Toutes ces constructions, les dernières de Cockerill, étaient conçues dans des conditions en rapport avec l'action des puissants appareils qui devaient y être mis en service.

Crise financière de 1838-39.

Mais la crise financière de 1838-1839 sévit. Elle arrête l'essor des grandes affaires et paralyse toutes les opérations industrielles. Seraing échoue dans les négociations relatives à la fourniture du matériel du chemin de fer de Paris à la frontière belge, au moment même où cette entreprise, en vue de laquelle les derniers agrandissements de l'usine s'étaient effectués, paraissait lui être assurée. L'argent devient rare; Cockerill est trop engagé dans le mouvement et, malgré le travail des usines pour l'exécution des commandes en main, malgré les ressources d'un actif considérable établi, plus tard, par la liquidation, une suspension de paiements est inévitable.

Mort de John Cockerill, à Varsovie. en 1840.

Des offres faites à la Russie, pour la création d'établissements de construction industrielle, réclamaient la présence de Cockerill à St-Pétersbourg. Il part; il est pris de maladie en route et meurt à Varsovie, le 19 juin 1840, à l'âge de 50 ans.

Liége, sa patrie d'adoption, a donné son nom à l'un de ses quais. Seraing l'a donné à l'une de ses rues et lui a élevé une statue. Une autre statue lui a été élevée à Bruxelles.

Ainsi, l'homme auquel ces témoignages de la reconnaissance publique ont été donnés, a été, en Belgique, l'introducteur, le pionnier actif de la grande industrie. C'est par son père et par lui que nos populations ouvrières ont été initiées à la construction des machines à filer la laine et le lin, et à la filature au moyen de ces machines. C'est à John Cockerill qu'est due l'introduction, sur le continent, de la construction des machines à vapeur, de la production des fontes au coke et de la fabrication du fer par la méthode anglaise. C'est dans ses établissements qu'ont été construits, sur le continent, la première machine à vapeur, le premier haut-fourneau au coke, le premier four à puddler, la première grande locomotive, et qu'a été fabriqué le premier rail. C'est lui qui, à travers les vicissitudes et les périls inséparables d'une telle œuvre, a été le promoteur de ce développement industriel, dans lequel le pays tout entier a trouvé les éléments les plus actifs de sa prospérité, et, par celle-ci, de ses divers progrès.

John Cockerill, introducteur de la grande industrie sur le continent.

Après la mort de John Cockerill, un sursis fut accordé pour la régularisation des diverses questions que sa succession soulevait, et, le 8 avril 1842, la Société anonyme pour l'exploitation de ses établissements fut constituée sous la direction de Conrad-Gustave Pastor.

Constitution, en 1842, de la Société pour l'exploitation des établissements de John Cockerill.

MATÉRIEL DES USINES.

MATÉRIEL DES USINES COCKERILL, A SERAING, A LA FORMATION DE LA SOCIÉTÉ COCKERILL. — 1842.

Apports. Personnel.

Les usines de Seraing comprenaient, à la formation de la Société Cockerill, comme éléments principaux de production :

1° La concession de mine de houille, d'une superficie de 195 hectares, obtenue le 9 octobre 1828, avec trois siéges d'exploitation ;

2° Trente-sept fours à coke ;

3° Deux hauts-fourneaux avec souffleries et concessions de mines de fer ;

4° Une vaste fonderie de fer et une fonderie de cuivre ;

5° Une fabrique de fer, comprenant 35 fours à puddler et à souder, 5 trains de laminoirs, les marteaux, les moteurs, les outils et ustensiles nécessaires pour le complément de la fabrication des tôles, des fers de commerce, des fers industriels et des rails;

6° Un atelier de construction mécanique et une chaudronnerie, comptant :

144 feux de forge,

280 tours et alésoirs,

200 machines à raboter, canneler, mortaiser, percer, etc.

7° Une force motrice de 920 chevaux-vapeur.

Les établissements, matériels et approvisionnements figuraient à l'inventaire d'apports pour fr. 12.530,000.

Enfin, le personnel se composait de 2.290 employés et ouvriers.

MARCHE DES USINES AU DÉBUT DES OPÉRATIONS DE LA SOCIÉTÉ COCKERILL. — DÉVELOPPEMENTS. — PROGRESSION DU CHIFFRE D'AFFAIRES.

Les événements à la suite desquels la Société anonyme pour l'exploitation des établissements de John Cockerill, à Seraing et à Liége, s'était formée, n'étaient pas de nature à lui préparer le succès au début. La crise financière se continuait ; la baisse de prix des produits métallurgiques s'accentuait d'une manière rapide, tant par le bon agencement et le progrès dans l'outillage des usines industrielles et de construction mécanique qui s'établissaient, que par l'entrée en concurrence de la production de ces usines. Aussi le chiffre d'affaires pour 1843-44 ne s'éleva-t-il qu'à fr. 2,640,000.

Mais on se trouvait au début de la création des chemins de fer dans les divers États de l'Europe et d'outre-mer, et, à partir de 1845, la production industrielle dut s'augmenter d'une manière rapide, pour satisfaire aux exigences de la situation.

En 1846-1847, le chiffre des ventes s'élevait à fr. 6,700,000.

En 1848, par suite des événements politiques, nouveau recul, qui s'accentue en 1849, 1850, et atteint son maximum en 1851. Mais, à partir de 1852, l'ordre raffermi donne lieu à une reprise d'affaires qui s'accentue en 1853 et 1854 et se développe avec vigueur dans le cours de 1855 à 1859. Les chiffres des ventes annuelles s'élèvent alors à dix millions, et les bénéfices sont considérables. Puis la production reste stationnaire pendant une période décennale, avec résultat financier moindre.

La marche ascendante se reproduit à partir de 1869. Les ventes à l'extérieur atteignent successivement, en 1873 et 1874, les chiffres de 25, puis de 27 millions de francs, avec un mouvement, entre les divisions de l'usine, de près de 40 millions et des bénéfices qui ont donné le dividende le plus élevé qui eût été jusque-là distribué.

Pour atteindre ces chiffres de production, le matériel des divisions de l'établissement avait dû subir une transformation complète et un développement constant.

Ainsi, dans la période décennale de 1844 à 1854, avaient été construits successivement 4 nouveaux hauts-fourneaux, avec installations complémentaires de fours à coke et de moteurs; la houillère Caroline, avec ses puits d'extraction et d'aérage, ses moteurs et tout le matériel accessoire, avait été créée; la fabrique de fer avait été considérablement développée; les ateliers du grand montage avaient été construits, ainsi que les premières sections du raccordement au chemin de fer de Namur à Liége, et les maisons ouvrières du quartier St-Georges ; enfin, une fabrique d'acier fondu de fer au coke, avec outillage spécial, avait été installée.

De 1851 à 1865, les agrandissements s'étaient continués. Les forges, l'hôpital (coût : fr. 150,000), la houillère Marie avec ses installations, une nouvelle usine à rails et l'atelier des locomotives, les premières installations de l'aciérie Bessemer (la première sur le continent, 1862), des machines soufflantes de 120 et 200 chevaux, et la boulonnerie, datent de cette période.

Puis, de 1866 à 1880, des dépenses se chiffrant par 21,000,000 francs eurent lieu pour les immobilisations suivantes :

1° L'achat des terrains miniers du Luxembourg, qui garantissent l'approvisionnement des fourneaux pour un siècle ;

2° Le développement, le classement, la refonte du matériel ; l'agrandissement des ateliers de construction et de la chaudronnerie ;

3° La construction de la nouvelle fonderie ;

4° La construction des réfectoires et des maisons ouvrières le long de la Meuse ;

5° La construction de la nouvelle usine Bessemer avec ses fours à coke Appold, ses 4 hauts-fourneaux à chaufferies Withwell.

pour fonte d'acier, ses convertisseurs, pilons, laminoirs et appareils complémentaires;

6° La plate-forme reliée à la houillère Collard, à la Meuse et au chemin de fer, sur laquelle doivent désormais être déposés cokes et minerais, à niveau des gueulards des hauts-fourneaux;

7° L'agrandissement de l'ancienne aciérie;

8° L'établissement du chantier de constructions navales à Hoboken, près d'Anvers;

9° Le foncement et les installations grandioses des puits Marie et Cécile (houillère Collard), avec machines d'extraction et d'exhaure;

10° Le complément du réseau intérieur des chemins de fer avec nouveau raccordement aux lignes de Namur à Liége et matériel roulant, dont 25 locomotives;

11° La participation pour les 2,7 dans la Société franco-belge des Minières de Somorostro;

12° La construction des navires et barges pour le transport, à Seraing, des minerais de cette provenance et de l'Algérie, et pour les expéditions, par voie maritime, des produits des usines;

13° L'acquisition des 2 5 des charbonnages, matériel et fours à coke de la Société de l'Espérance, à Seraing, comprenant 102 hectares de concession houillère.

Par ce mouvement continu d'extension et de rénovation des usines, les établissements Cockerill, premiers en date, dans leur ensemble, sur le continent, neufs comme s'ils dataient d'hier, grandioses dans les formes, sont restés au rang élevé où les avait placés, dès leur origine, leur fondateur.

La force productive de ces établissements, qui donne lieu à un mouvement financier annuel de plus de quarante millions, en marche normale des usines, se traduit dans les indications sommaires ci-après, relatives à leurs subdivisions.

ADMINISTRATION.

Conseil d'administration. Direction.

La Société Cockerill est régie par un Conseil d'administration, composé de cinq membres, assisté d'un directeur-général et d'un secrétaire. Elle est surveillée par sept commissaires. La réunion des administrateurs et des commissaires forme le Conseil général.

Divisions administratives.

Les divisions administratives comprennent :

1° La comptabilité commerciale pour les opérations relatives au mouvement de la caisse, du portefeuille, à la valeur des marchandises entrant et des produits sortant des usines ;

2° La comptabilité industrielle pour le mouvement intérieur des valeurs dans les opérations relatives à la production ou aux transformations des usines ;

3° La caisse ;

4° Le contrôle des salaires ;

5° Le bureau du génie pour les études, les projets, la préparation des devis, les dessins, les tracés de toutes les constructions ou installations mécaniques proposées ou commandées à la Société, ou pour celle-ci ;

6° La division des achats, des transports et des expéditions, pour l'achat des marchandises, des matières et des objets de fabrication nécessaires aux usines ; pour le service des transports de ces matières et objets par voie de mer, les rivières ou chemin de fer ; pour les transports intérieurs de l'usine et les expéditions des produits aux ports d'embarquement ou à destination ;

7° La division des ventes, pour l'étude des affaires, la correspondance et les négociations y relatives, les devis, la rédaction des marchés et des contrats de vente.

DIVISIONS INDUSTRIELLES.

Les divisions industrielles se composent des :

HOUILLÈRES.

Divisions industrielles.

Les usines Cockerill se trouvent au centre du périmètre de la concession houillère, qui mesure 307 hectares et comprend cinq siéges d'exploitation : Henri-Guillaume, Collard et Morchamps (Espérance), au sud ; Caroline, à l'est ; Marie, au nord. Ces cinq siéges comptent dix puits ou bures pour la descente et la remonte des ouvriers, l'aérage, l'épuisement et l'extraction, desservis par 32 moteurs d'une force collective de 1,700 chevaux.

Le foncement et le cuvelage des puits des premiers siéges, au passage du gravier aquifère, a eu lieu par les moyens ordinaires, avec les grandes difficultés que l'opération présentait.

Foncement des puits à l'aide de l'air comprimé.

Le foncement des puits du siége Marie s'est fait, à la traverse de ce gravier, à l'aide de l'air comprimé, pose du revêtement en fonte à mesure de la descente, dans les meilleures conditions de sécurité, d'hygiène et de célérité.

En 24 journées, on avait traversé et cuvelé 5ᵐ50 de hauteur de sable et de gravier de la couche immergée, plus 5ᵐ60 de schistes houillers non assez denses pour empêcher toute filtration.

Puis les grès du terrain stratifié présentant de nouveau de nombreuses fissures, le revêtement étanche du puits dut être continué sur 65ᵐ20 de hauteur.

Il existait au siége Collard un puits de 244 mètres de profondeur, qui a été comblé pour être rétabli à 4ᵐ50 de diamètre, puis foncé à la profondeur de 530 mètres. C'est le puits Marie, dont les installations pour l'exhaure et l'extraction ont été conçues en tenant compte des divers progrès réalisés jusqu'à ce jour, dans la construction et l'emploi des machines.

Ce puits est divisé en trois compartiments. Le premier pour les pompes, le second pour le service, le compartiment du milieu pour l'extraction.

La machine d'exhaure est à rotation. Elle est de 215 chevaux de force et donne, par

Siége Collard.
Puits Marie.

heure, 100 mètres cubes d'eau avec une consommation de kil. 1 3/4 de charbon par force de cheval utile.

La machine d'extraction est à deux cylindres conjugués de 0m90 de diamètre et 2 mètres de course, tambour spiraloïde et câble en fil d'acier de 47 millimètres de diamètre.

C'est la première installation de l'espèce en Belgique. La machine est à détente variable et se gouverne par le seul levier de changement de marche.

Puits Cécile.

Le nouveau puits Cécile au siège Collard se trouve sur l'emplacement de l'ancien puits Collard. Il a été foncé jusqu'à 522 mètres de profondeur en 18 mois, grâce au système de revêtement employé.

Celui-ci consiste en cercles en fer E formés de 4 segments reliés entre eux par des éclisses. Les cercles sont espacés d'un mètre d'axe en axe et reliés l'un à l'autre par des tirants. Ils sont revêtus sur la circonférence extérieure de madriers en chêne.

Le siège Collard occupe le point culminant de la concession et domine l'usine. Les produits de ce siège, les charbons, puis le coke, arrivent dans les divisions métallurgiques par un plan incliné.

Les puits des houillères Cockerill ont atteint les profondeurs de 342, 354, 505 et 525 mètres.

La formation carbonifère ou la succession des couches de grès, de schiste et de combustible, composant le terrain houiller, a été produite dans une situation horizontale. Au sud de la concession Cockerill, cette formation, poussée par le soulèvement des terrains adjacents, s'est relevée. Elle trace, en s'enfonçant vers le nord-ouest, une ligne brisée se composant de tronçons verticaux ou inclinés, de 150 à 250 mètres de hauteur : « les dressants; » et de tronçons horizontaux, de 200 à 300 mètres de longueur: « les plateures. »

Les couches de combustible s'enfoncent **Couches exploitées.** ainsi du sud au nord-ouest jusqu'aux limites de la concession.

Elles ont reçu des anciens houilleurs des dénominations originales indiquant le caractère qu'elles affectent au déhouillement. C'est :

Pery,	puissance :	1^m,20
Cor,	"	0 ,45
	A reporter :	1^m,65

	Report :	1^m,65
Bechette ,	puissance :	0 ,45
Houlleux ,	»	1 ,10
Wicha ,	»	0 ,60
Grand Molin ,	»	1 ,50
Déliée Veine ou Grande Rusette, »		0 ,60
Dure Veine ou Petite Rusette, »		0 ,50
Grande Veine ou Bette-Bon ,	»	0 ,90
Malgarnie ou Naviron ,	»	1 ,10
Castagnette ou Tonneau ,	»	0 ,70
Stennaye ,	»	0 ,90
	Total :	10^m,00

Dans cette nomenclature sont omises plusieurs veinettes, et les travaux exécutés en divers points du bassin ont fait reconnaître, sous Stennaye, un groupe de couches exploitables de différentes puissances.

Ainsi les couches connues atteindraient, dans la concession Cockerill, une épaisseur de dix mètres de houille maréchale ou charbon gras, soit le charbon à coke.

Exploitation du charbon. Donnons, pour les non initiés, deux mots d'indication quant à l'exploitation du charbon.

Il est à pourvoir, dans toute houillère, à l'aérage, puis à l'épuisement des eaux, s'il y en a, pour pouvoir effectuer l'extraction du combustible.

Les puits se trouvant foncés à la profondeur
à laquelle un premier étage peut être établi
(200 mètres pour Seraing), la galerie principale de roulage s'ouvre, le chargeage au puits
est préparé, le service de l'exhaure est as-
suré et les chantiers d'abattage (les tailles)
s'organisent dans les couches rencontrées.

Une voie de roulage, aboutissant à la
galerie principale, passe sous le pied des
tailles pour le transport du combustible au
puits d'extraction ; une galerie de retour
d'air, ayant son point de départ au puits
d'aérage, passe à 40 mètres au-dessus de la
voie de roulage spéciale à la taille, et donne
ainsi une tranche d'exploitation de 40 mètres,
que l'on pousse jusqu'aux limites de la concession.

L'air pur pénètre dans la mine par le puits
d'extraction, arrive au front de taille par
la voie de roulage, et remonte par la galerie
de retour au puits d'aérage, où il est aspiré
par un ventilateur faisant le vide à la surface.

Le nombre de tours de ce ventilateur se
règle aux houillères Cockerill sur la dépres-
sion atmosphérique indiquée au baromètre
placé à la portée des machines.

Les eaux rencontrées sont dirigées sur le
bassin, d'où les enlève la machine d'exhaure.

Les « haveurs » abattent le charbon chaque jour, sur une longueur de 1m20 et une hauteur variant suivant la dureté de la couche, puis ils étançonnent la taille.

Les « bouteurs » font descendre le charbon à mesure de l'abattage jusqu'à la galerie de roulage.

Les « chargeurs » le mettent en berlaines, et il est amené au puits par les « traîneurs », la chaîne flottante ou les chevaux.

Les « bosseyeurs » poussent les voies d'aérage et de roulage, chaque jour, d'une longueur égale à celle de l'avancement dans le charbon par les haveurs, et les « remblayeurs » reportent les pierres provenant de ces voies et les schistes abattus avec le charbon, dans le vide fait par l'extraction du combustible.

Ainsi ce vide se comble, la pression des roches encaissantes rend, en partie, aux terrains, leur cohésion, l'excavation est refermée derrière les haveurs, et la colonne d'air arrivant par le puits d'extraction et la voie de roulage, passe forcément sur le personnel de service et sur les mineurs travaillant au front de taille.

Cette ventilation active empêche l'accumulation de l'hydrogène proto-carboné (le grisou) ou de l'acide carbonique (pouteur).

Le premier s'échappe des couches à mesure de la mise à nu. Plus léger que l'air atmosphérique, il s'amasse dans la partie haute des galeries, entre boisages, où le courant déterminé par les ventilateurs agit le moins. Que l'action de ceux-ci soit insuffisante ou qu'elle cesse, l'exploitation s'emplira de ce gaz ; les proportions du mélange explosif s'établiront ; au contact de la flamme d'une lampe, d'une allumette, du feu d'une mine, l'explosion pourra se produire : gare alors le désastre !

Le second s'échappe du charbon abattu s'altérant vite à l'air libre. Plus pesant que celui-ci, il remplit les cavités, les fonds de galeries, de puisards, de bassins, et procure tout de suite une mort douce par l'asphyxie à qui y descend ou se trouve, en cas d'éboulement, pris sous ce charbon.

Les ventilateurs établis pour l'aération des houillères Cockerill produisent, dans les galeries et tailles, un courant actif donnant 3.900.000 mètres cubes d'air par 24 heures.

La houillère Marie en possède un à force centrifuge, à axe vertical, d'un système particulier, premier de l'espèce.

Les machines d'exhaure en activité versent, au jour, seize cents mètres cubes d'eau en un même nombre d'heures.

Le personnel des houillères, actuellement 2,800 ouvriers, dont 500 à l'extérieur, 2,300 à l'intérieur, extrait annuellement, au minimum, 450,000 mètres cubes de combustible, employé pour la presque totalité dans les opérations de l'usine.

CALCINAGE.

**Calcinage.
Indication
sur les procédés
de calcination
introduits à Seraing,
en 1826.**

On ne peut écrire ce chapitre sans rappeler comment les choses se passèrent pour le coke, lorsque John Cockerill eut construit le premier haut-fourneau à Seraing, en 1826.

En amont, même commune, toujours sur la Meuse, se trouve la grande exploitation charbonnière de Marihaye, haute en puissance et qualité. Du puits alors en service à ce charbonnage se tirait le combustible le plus en vogue de la contrée, et la couche « Houlleux » y tenait le premier rang.

Les Anglais qui présidaient à la marche du haut-fourneau de Cockerill, après inspection des produits des diverses exploitations des environs, n'admirent à être converti en coke, pour leur fabrication, que la grosse houille de la couche « Houlleux » de Marihaye, avec addition, en cas d'insuffisance, de grosse houille des charbonnages de Gosson-Lagasse et de la Haye.

Cela coûtait cher, mais les Anglais n'y regardaient pas. Ils avaient construit huit fours, dans lesquels ils n'avaient pu réussir à faire du coke pour le fourneau, non qu'ils n'y missent le temps, car chaque opération durait huit journées de 24 heures, après quoi on retirait, pour les cubilots et feux de fineries, un produit très-friable et fort mal traité.

Le coke pour le fourneau était obtenu par le procédé primitif de distillation du charbon de bois, soit en meules ou cônes circulaires recouverts de terre et de gazon. Là aussi, avec la grosse houille de « Houlleux, » on arrivait à faire, avec 40 % minimum de perte de poids, un coke irrégulier et imparfait.

Les choses se continuèrent ainsi pendant plus d'une année. Des essais faits en 1827, à l'insu des Anglais, avec le produit de cette couche « Houlleux, » exploitée aussi au charbonnage Cockerill, après avoir bouché la série d'exutoires dont ils avaient muni la voûte de leurs fours, avaient donné du coke beaucoup plus dense; la fonte produite avec ce coke avait gagné en qualité, chose, pour eux, tout anormale; aussi continuèrent-ils à proscrire, pour le haut-fourneau, le coke des fours.

Il fallut une forte et longue crue des eaux de la Meuse, qui rendit les transports impossibles, pour qu'un essai de ces houilles de « Houlleux » de Cockerill pût être renouvelé, et, comme on manquait de coke, cet essai fut fait, non-seulement par le procédé en meules, mais aux fours avec cheminées fermées. Cette fois encore on obtint, aux fours, du coke plus dense; l'amélioration de la fonte se reproduisit, et le mode de fabrication donnant ce résultat fut enfin définitivement admis.

Fours divers construits.

On construisit, depuis, des fours avec carneau chauffé, sous sol, puis des fours surmontés de chaudières à vapeur, d'où advint bientôt le défournement mécanique. On en vint, à l'aide de ce dernier procédé, à porter la charge des fours à 4^m80 à calciner en 24 heures. Puis vinrent les fours de 2^m40 de hauteur, 0^m75 de largeur, à parois longitudinales et sous sol, chauffés par des carneaux recevant les produits de la distillation. Enfin, les fours Appold, avec classement, broyage et lavage des combustibles, 80 % environ de rendement, et le coke le meilleur qu'on eût jusque-là obtenu, ont été adoptés.

Dix-sept groupes de fours de l'espèce existent pour une production annuelle de 110 à 120,000,000 de kilog. de coke nécessaire aux usines Cockerill, en marche normale des fourneaux.

Grâce à un système spécial de broyage, toutes les couches des charbonnages de Seraing sont maintenant trouvées propres à la fabrication du coke.

MINIÈRES.

Pendant quarante années environ, soit de 1826 à 1866, les minerais de fer traités à Seraing pour fontes de moulage et fontes à fer ont été extraits des localités desquelles les tiraient antérieurement les usines à fer au bois du pays.

Ces diverses localités se trouvaient situées dans un périmètre de dix à quinze lieues, généralement à peu de distance ou sur le cours même de la Meuse et de ses affluents, l'Ourthe, la Vesdre, l'Amblève, de sorte qu'après lavage, le transport des mines se faisait par bateaux.

Les gisements ou amas se composaient d'une variété de minerais hydratés, oxydés,

Minières.

Exploitation des minières locales.

calcareux, argileux, calaminaires, alumineux, d'une teneur de 28 à 50 % de fer, et s'exploitaient principalement entre les psammites des terrains calcareux et quartzo-schisteux du Condroz, le calcaire et la dolomie de la province de Namur.

Sur l'Ourthe, les exploitations principales se trouvaient à Angleur, Esneux, Hody, Tavier, Anthisnes, Comblain-au-Pont, Comblain-la-Tour, Fairon, Hamoir, Filot, Xhoris, Bomal.

Sur l'Amblève : à Aywaille, Sprimont, Harzé, Stoumont, Rahier.

Sur la Vesdre : à Forêt, Theux, Louveguez, Polleur, La Reid.

Sur la Meuse, comme dans les localités qui précèdent, les minerais se rencontraient en amas, à Huccorgne, Lavoir, Couthuin, Bonnines, Champion, Gelbressée, Maizeret, Nauinne, St-Marc, Malonne, Floreffe, Graux et Mettet. Puis une couche d'oligistes affleurant d'une part à Ahin et Bas-Oha, d'autre part, aux Isnes, présentant son développement le plus considérable en puissance et qualité à Vezin, exploitée à Ahin, Bas-Oha, Sclayn, Vezin, Marche-les-Dames, Namêche, Vedrin, Rhisnes, St-Denis-Bovesse, Isnes-les-Dames et Isnes-Sauvages, semblait une vasque de 8,000 mètres environ de longueur sur une large étendue, contenant les amas de la surface mentionnés plus haut.

Tous ces minerais de fer sont, pour la plus grande partie, exploités.

Les minerais indigènes traités à Seraing se tirent principalement du Luxembourg. Ce sont les minettes grises et rouges de Schifflange, Bromischberg, Ottange, Hussiguy, Klop, Rumelange, Musson-Halanzy, auxquelles s'ajoutent les restes des exploitations préindiquées et quelque peu de minerai de Campine.

La Société est depuis 1876, pour $\frac{2}{7}$, co-actionnaire de la Société franco-belge des minières de Somorrostro, dont les installations pour l'exploitation, le chemin de fer et les embarcadères suffisent à la production annuelle de T^x 600,000 de minerais.

La Société Cockerill extrait annuellement, pour sa fabrication de fonte à fer, T^x 150,000 de minerais indigènes, et reçoit, pour sa fabrication de fonte d'acier, une quantité à peu près égale de minerais d'Algérie et des minières de la Société Franco-Belge de Somorrostro.

**Minières
de Somorrostro
(Espagne).**

4

HAUTS-FOURNEAUX.

Hauts-Fourneaux.

**Indications
sur le premier
haut-fourneau
construit à Seraing,
à partir de 1823.**

Il est intéressant de remonter à l'origine de la construction des hauts-fourneaux au coke pour constater les différences existant entre les proportions qui leur étaient données alors et celles d'aujourd'hui.

Le premier fourneau construit par Cockerill, à partir de 1823, avait :

	Hauteur.	Diamètre.
Cheminée au gueulard	4^m86	1^m70
Cuve	} 9^m70	1^m68
Ventre		3^m60
Étalages	2^m75	0^m97 au bas ;
Creuset et ouvrage	8^m05	0^m76 au fond.

De là aux dimensions actuelles, le monde a marché.

Ce haut-fourneau avait deux défauts principaux.

Le premier consistait en ce que les étalages étaient peu élevés, la cuve ayant ainsi une hauteur trop considérable.

Le second, dans le peu d'ouverture de la cuve à la partie supérieure.

La mise à feu eut lieu en février 1826 et la soufflerie fut activée le 15 mars suivant.

Mais les matières et le combustible belges
ne se comportèrent nullement, comme le
faisaient les mêmes éléments employés dans
les fourneaux que l'ingénieur Mushet avait
vus ou construits, et les flammes s'élevèrent
à une très-grande hauteur au-dessus du gueu-
lard ; la chaleur y était telle qu'elle rendait
le service des charges à peu près impossible.
— On suspendit la marche de la soufflerie ;
on démolit la partie supérieure de la cuve,
pour lui rendre 2m40 de diamètre, doublant
ainsi la surface de passage des gaz, et l'opération, exécutée sans mise hors feu, eut
pleine réussite.

On produisait alors à ce fourneau, par 24
heures :

    Marche à moulage . . . . . kil. 6,000 ;
    Marche à fonte d'affinage. . » 11,000.

Le pas était fait, l'élan donné. Bientôt
d'autres fourneaux purent être construits
et conduits par ceux qui avaient élevé et
fait marcher le premier. Les proportions de
ces appareils furent mieux appropriées pour
les matières à réduire. Néanmoins, l'agencement général resta longtemps ce qu'il
avait été dans les premières constructions,
les proportions seules s'augmentant à mesure
du progrès ; le ventre, surtout, s'élargissant

Modifications
dans les dispositions
des fourneaux
ultérieurement
construits.

avec surélévation constante des étalages, pour une descente plus rapide des matières et une production plus forte.

C'est ainsi qu'on est arrivé à donner aux fourneaux, depuis une dizaine d'années, de six à six mètres cinquante centimètres de diamètre intérieur au ventre, et, avec l'aide des chaufferies d'air Withwell, à leur faire produire kil. 100,000 de fonte d'affinage par 24 heures.

Sous le bénéfice des économies réalisées sur le coke de bonne fabrication actuelle, sur la dépense de marche des souffleries réduite au minimum, sur l'emploi des gaz des fourneaux, la fonte d'affinage peut être livrée actuellement au consommateur, sur wagons aux usines, aux taux de fr. 45 a 47-50 pour 1,000 kil., soit sous reduction d'au moins fr. 100 par tonne sur le taux des fontes produites lors de la mise en service des premiers fourneaux.

La Société Cockerill possède actuellement deux fourneaux en préparation et cinq en marche, desservis par d'excellentes machines, force 580 chevaux, et munis de quatre groupes d'appareils Withwell. Quatre de ces fourneaux produisent 60 à 70 tonnes de fonte hématite par 24 heures. Les autres, de section moindre, produisent 45 à 50 tonnes de même fonte ou 50 à 60 tonnes chacun de fonte d'affinage.

Les fontes des hauts-fourneaux sont traitées par les deux divisions de l'usine : Fabrique de fer et Fabrique d'acier.

Ajouterons-nous, pour clore ces détails, que, dans la série des moteurs des hauts-fourneaux, se retrouvait encore, en 1879, la machine soufflante de 1826, marchant comme au jour de son installation, et dont le service n'a pris fin que par suite du déplacement du fourneau auquel elle fournissait le vent ?

FONDERIES.

La fonderie de fer, dont l'une des ailes avait été construite à partir de 1826, est l'une des plus vastes et des mieux agencées qui existent. Elle se compose actuellement de deux bâtiments parallèles, de soixante-quinze mètres sur trente, séparés par une cour de quarante mètres de largeur.

La fonderie possède les ateliers nécessaires pour les préparations secondaires et le moulage en terre, plus un matériel suffisant pour la coulée des pièces les plus consi-

Fonderie construite à Seraing de 1826 à 1828. Doublée en 1868.

dérables entrant dans les constructions industrielles.

Une troisième halle va y être annexée pour la fabrication des pièces à couler en acier.

La division comprend, en outre, la fonderie de cuivre.

Les fonderies fournissent à l'usine même les pièces réclamées par les diverses divisions du travail et livrent, pour la construction des machines et des appareils commandés pour l'extérieur, des pièces de matières parfaites, incontestablement sans rivales dans le monde industriel, quant à la perfection de l'exécution.

Comme outillage spécial, elle ne possède que ses grandes grues à vapeur, des sécheries, des cubilots, des châssis. Elle produit annuellement kil. 6,000,000 de pièces, dont les statues, les pièces détachées et les pièces des machines exposées à Paris, à Vienne, à Londres, à Bruxelles, ont été et sont les spécimens.

FABRIQUE DE FER.

Fabrique de Fer. La fabrique de fer compte 64 moteurs, développant une force collective de 2,280 chevaux-vapeur, 40 fours à puddler et souder, 12 laminoirs, 7 pilons, les cisailles et autres engins accessoires de fabrication du fer.

Elle produit annuellement 25 à 26,000,000 de kilogrammes de tôles, de fers en barres, de poutrelles, de rails de fer; plus, 1,000,000 de kilog. de tôles d'acier.

L'usine installée en 1824, 1825 et 1826 se composait d'une finerie, de cinq fours à puddler, trois fours à réchauffer, un four à recuire, un laminoir à mil-barres, deux laminoirs à fers finis, un laminoir à tôles, un marteau cingleur, un marteau à brames, un martinet et deux cisailles. Elle comprenait la plus belle chambre de machines qui fût alors, laquelle contenait une machine soufflante de 100 chevaux, une machine de 120 chevaux communiquant le mouvement à quatre laminoirs, deux machines de 12 chevaux activant des marteaux, une machine de 8 chevaux pour fours à cylindres, les quatre premières à balancier, à basse pression, détente et condensation.

Donnons, pour ceux qui peuvent s'intéresser à ce détail, les dimensions du four à puddler mis en service aux premiers jours de l'année 1826 :

Installations de 1824 à 1826.

Premier four à puddler construit à Seraing. 1826.

	Longueur.	Largeur.	Hauteur.
Foyer	42″ aug.	42″	28″
Cuve.	75″ „	42″	28″
Ouverture de la cheminée	16″	16″	
Grand autel			20″
Petit autel			6″

Chaque four avait sa cheminée propre, à aire de 16 × 16″ dans toute la hauteur, qui était de 35′ anglais.

Tout a marché, tout s'est modifié, transformé depuis la création de cette partie des établissements Cockerill. Aux petites halles ont succédé de plus vastes halles; aux petits fours, les grands fours; aux marteaux frontaux, les pilons; aux cisailles à leviers, les scies circulaires, et tout cela pour le complément de ces deux opérations qui sont toute la fabrication du fer, comme au temps de Cockerill :

Puddlage   1° Puddler : Éliminer par la fusion et le travail au bain les matières étrangères que contient la fonte; tirer le fer malléable de la fonte, qui ne l'est pas;

Soudage   2° Souder : Réunir du fer au fer, par cette faculté que, de tous les métaux, il possède seul, de pouvoir être amené, par une haute température, à un ramollissement tel qu'il s'ajoute, sans fusion, à lui-même.

Ces opérations se font donc aujourd'hui par les procédés usités lors de l'installation des usines de Seraing, mais avec les modifications que le progrès a réalisées dans les dispositions de l'outillage.

Les moteurs ont été remplacés; les organes des laminoirs changés; les marteaux frontaux ont disparu, et la tôlerie, mue spécialement, depuis 1870, par un reversing, faisant, au besoin, 500 chevaux de force, marche de l'avant, de l'arrière, et fournit, sans aucune difficulté, les tôles des dimensions les plus considérables.

Les pièces de l'espèce pour l'exposition de Bruxelles ont les dimensions suivantes :

1 tôle de 14 mètres sur 1^m22 et 17 millimètres d'épaisseur, kil. 2,265;

1 tôle de 10^m10 sur 1^m50 et 5 millimètres d'épaisseur, kil. 643;

1 longeron de 15 mètres sur 1^m10 et 25 millimètres d'épaisseur, kil. 3,250.

Les fers et poutrelles exposés aussi à Bruxelles, sont remarquables surtout par leur belle et bonne fabrication usuelle.

ACIÉRIES.

L'aciérie Bessemer, érigée en 1862, a fait suite à celle qui avait été installée, de 1850 à 1854, pour la fabrication au creuset de l'acier fondu au coke inventé à Seraing.

Matériel principal de l'aciérie Cockerill.

Ne possédant que 2 convertisseurs de 5 tonnes en 1866, elle en compte actuellement 8 de 7 tonnes ; 18 fours, dont les plus grands peuvent chauffer, par 24 heures, 75,000 kilog. d'acier, 9 laminoirs, 8 pilons de 3 à 30 tonnes, 61 moteurs, développant une force de 4,125 chevaux, les appareils hydrauliques pour la manœuvre des convertisseurs et des grues de service. Elle produit annuellement 70,000,000 kil. de rails, de bandages, de barres, de ressorts, de canons de fusils, de masses diverses pour tous les usages de la construction mécanique, et fournirait, au besoin, plus de 100,000,000 de kil. de ces produits par année.

Production des aciéries.

Fabrication de l'acier au convertisseur Bessemer.

L'élaboration des métaux donne lieu à peu d'opérations aussi intéressantes que la fabrication de l'acier Bessemer.

Elle consiste dans l'élimination, au bain de fusion, des matières étrangères et du carbone contenus dans la fonte à acier ; puis, s'il en est besoin, dans la recarburation à dose définie de celui-ci, pour les divers degrés de dureté qu'il doit posséder.

La fonte pour cet acier est amenée liquide, du fourneau ou du cubilot, dans une cornue ou convertisseur chauffé à blanc, pouvant suffire à la réduction, par chaque opération, de 7.000 kil. de métal. Ce convertisseur, porté par le milieu sur deux tourillons, s'incline, reçoit la fonte liquéfiée, se relève, et le vent produit par une machine de 500 chevaux s'y engouffre. Le métal roule dans l'appareil sous ce courant oxygéné, qui projette au-dehors une gerbe d'étincelles, de scories en fusion. La flamme, jaunâtre d'abord, blanchit bientôt et s'augmente. Le bouillonnement s'accentue; les projections se multiplient; elles brillent pendant quelques instants d'un éclat éblouissant, et couvrent le bassin de coulée et ses abords d'une pluie d'étincelles. C'est le bouquet: la gerbe pâlit; la sortie des matières incandescentes diminue et cesse; la flamme bleuit à mesure que le carbone de la masse en réduction diminue, et l'opération, après 15 à 18 minutes de durée, va se compléter. La soufflerie cesse; le convertisseur s'incline; il y est réintroduit, s'il y a lieu, une quantité donnée de fonte liquide pour la recarburation déterminée de la masse, un coup de vent est rendu, puis l'acier est coulé dans une poche, d'où il passe dans les lingotières.

Les bandages sont obtenus au laminoir à pression hydraulique (système breveté en faveur de Seraing), et la fabrication des rails marche à l'aide de reversings d'une grande puissance. Des rails de soixante mètres de longueur s'y fabriquent dans les mêmes conditions que le rail ordinaire de trois longueurs, et le laminoir peut produire, rondement, 2,000 tonnes de rails par semaine. La quantité la plus forte qui ait été obtenue, jusqu'à présent, *par un seul train à rails*, 2,054 tonnes en une semaine (février 1878), l'a été par l'un des deux laminoirs à rails de l'aciérie de Seraing.

A côté de ses quantités colossales de rails, l'aciérie ne néglige pas les détails, qui lui ont mérité une bonne réputation quant à la qualité.

Les cornières et tôles pour bordé des navires, les poutrelles pour ponts et wagons fabriquées en métal extra-doux, les aciers tendres pour les bouches à feu et pour l'armurerie de Liége, les aciers divers employés aux mille usages de la construction, de la quincaillerie, de la serrurerie, de la carrosserie, toutes ces qualités spéciales ont trouvé place dans la production de Seraing, avec leurs variétés multiples.

Production maximum de rails obtenue à un seul train en une semaine.
T. 2,054.

Vers la fin de l'année 1877, le Lloyd anglais, qui avait été jusque-là sinon hostile, au moins prévenu, contre l'emploi de l'acier dans les constructions maritimes soumises à son inspection, se décida à entreprendre une série d'essais sur les produits doux livrés par les premières usines d'Angleterre.

La Société Cockerill réussit à se faire admettre au concours, et le succès des expériences auxquelles ses produits furent soumis fut pleinement affirmé par les rapports de l'inspecteur du Lloyd et l'inspecteur du Veritas, qui les classèrent au premier rang, au point de vue de l'emploi dans les constructions navales.

L'emploi des aciers doux Cockerill dans les constructions navales, autorisé par le Lloyd anglais.

MARTELAGE & FORGES.

Deux vastes ateliers comprennent, le premier, le martelage; le second, les forges à main.

Martelage et Forges

Les ustensiles du martelage se composent de la série des fours à souder, des pilons de deux à vingt-cinq tonnes, des ventilateurs et des grues de service. Une moitié de l'atelier est réservée aux feux de forge à niveau du sol, autour desquels la manœuvre

Martelage.

des grandes pièces ne rencontre aucun obstacle ; plus, à deux rangées d'autres forges pour les opérations de moindre importance.

Le martelage ébauche ou finit toutes les pièces de volume considérable, les arbres coudés, les arbres creux, les manivelles, les grands supports, les étambots, les pièces diverses de grands poids, quelles qu'elles puissent être.

Il fournit, en outre, à la forge, les préparations ou pièces ébauchées nécessaires pour le travail de celle-ci.

Forge à main. La forge se dresse parallèlement au martelage, à quarante mètres de celui-ci.

Les murs longitudinaux des deux ateliers sont percés de portes correspondantes, et les foyers doubles des forges se dressent entre les trumeaux de ces portes.

La charpente des forges à main est supportée, dans l'axe du bâtiment, par une série de colonnes, et les tracés des pièces à exécuter par chaque forge se suspendent à la traverse qui passe sur ces colonnes.

La forge à main possède les pilons de faible puissance, les chaufferies, les presses, les machines diverses à plier, mouler, cintrer et emboutir pouvant faciliter le travail.

Les pièces de martelage et de forge de Seraing ont été classées, aux Expositions de Paris, de Londres et de Vienne, au premier rang pour la perfection de l'exécution.

Une mention spéciale doit être faite, au point de vue du degré parfait de fini et du coût peu élevé, des roues pour matériel de chemins de fer, qui y sont forgées par les procédés brevetés en faveur de l'usine.

ATELIERS DE CONSTRUCTION.

La division des ateliers de construction comprend l'atelier des modeleurs, la boulonnerie, les ateliers de préparation des pièces mécaniques, les ateliers spéciaux de montage des locomotives, des grandes machines ou appareils mécaniques considérables.

Ces ateliers couvrent de vastes surfaces.

Citons le premier, pour les préparations de pièces mécaniques, seconde cour et bâtiment de service de l'ancien palais, 110 mètres de longueur sur 60 mètres de largeur, soit 6,600 mètres carrés; le second, 120 sur 35 mètres, soit 4,200 mètres carrés; l'atelier de

Ateliers de construction

Ateliers principaux. Leur développement.

montage des locomotives, 60 sur 60 mètres, soit 3,600 mètres carrés; le grand montage, 65 sur 90 mètres, ou 5,850 mètres carrés.

L'atelier des modeleurs, ou la menuiserie, ne compte que quelques scies mécaniques, toupies, foreuses, raboteuses, tours et machines à ouvrer le bois. Le modelage n'a pu se transformer d'une manière aussi radicale que l'ont fait, par le progrès de l'outillage, les autres opérations de la construction.

Le banc de menuisier est resté ce qu'il était, et la préparation des modèles des pièces de fonte et de cuivre est encore le lot d'ouvriers spéciaux.

La plupart de ces locaux ont des toitures à éclairage latéral, que l'établissement Cockerill a été, croyons-nous, le premier, en 1870, à employer pour les ateliers de construction. Ces toitures présentent de précieux avantages.

Le premier consiste en ce qu'ainsi l'on peut éclairer parfaitement de grandes surfaces couvertes, sans embarras par les neiges ou les grandes pluies; le second, en ce que, tournée vers le nord, la partie vitrée ne communique aux ateliers ni l'excès de lumière des rayons solaires, ni l'excès de chaleur qu'ils provoquent dans les longs jours ; le troisième, en ce que cette disposition des vitres, ainsi tournées, prolonge la durée du temps pendant lequel le travail peut être continué, sans éclairage artificiel.

A propos d'éclairage, il est à dire que, la nuit, les établissements de Seraing et de Hoboken sont éclairés au gaz de résidu de pétrole, donnant une lumière plus intense, plus fixe que le gaz à la houille, et les grands ateliers de montage par la lumière électrique.

Après l'atelier des modeleurs, les fonderies, le martelage et les forges, vient, dans l'ordre des préparations pour la construction mécanique, la boulonnerie, qui comprend les machines à forger les rivets, les boulons et les écrous, et l'atelier de taraudage, de tournage et d'ajustage de ces dernières pièces.

Outillage.

Les machines à forger les têtes de boulons et les machines à forger les écrous sont construites sur le même type.

La fabrication des écrous à la machine est très-intéressante.

Une série de barres rectangulaires sont chauffées à l'un des bouts, dans un four spécial. A mesure que chaque barre arrive au blanc soudant, elle est introduite dans la

machine, qui, instantanément, la serre,
coupe, puis comprime l'hexagone ou le
carré nécessaire pour l'écrou, troue celui-ci,
enlève le bouton, décroche la pièce et la
rejette devant l'appareil.

Par la force croissante, la précision des
mouvements, la multiplicité des opérations
exécutées successivement dans l'espace de
deux secondes, car elle frappe 30 coups par
minute, cette machine à écrous est, sans
contredit, la conception la plus intelligente
qui se rencontre dans la série du gros outillage de construction des machines.

Ajoutons que l'écrou fabriqué par cet
instrument présente, par la percussion et la
compression à laquelle il a été soumis, une
résistance double de celle qui peut être obtenue d'une même pièce, de même fer, forgée
par le procédé ordinaire.

Cette machine produit indistinctement les
écrous carrés ou hexagones de 10×6 mil. à
110×65 mil., soit de 4 grammes à 4 7/10
kilogrammes.

Le taraudage s'effectue par une série de
machines de tous genres, depuis le lourd appareil donnant une pièce à l'heure, jusqu'aux
élégantes étagères qui, conduites par un
enfant, deux à deux, produisent, ainsi cou-
plées, un millier de pièces par journée.

Les fraises cylindriques taillent les parties planes des boulons et les pans des écrous; les tours de petite dimension achèvent les parties rondes des mêmes pièces; les canneleuses fendent les tarauds et les écrous mères, et l'outillage se remplace par les mêmes machines, conduites généralement par tous enfants de douze à quinze ans.

Indiquerons-nous la suite des opérations jusqu'ici mentionnées, en ce qui concerne la construction mécanique, consistant à tourner ou à aléser les surfaces cylindriques extérieures ou intérieures des pièces; à fileter, à raboter, à mortaiser par les outils mécaniques; à finir, au burin et à la lime, ce qui ne peut être achevé par les machines; à assembler les différentes pièces constituant un appareil pour vérifier l'exactitude des détails par la marche de l'ensemble!

Le tour, dans ses deux types, est vieux comme le monde: il est à plate-forme, pour les pièces ne pouvant être placées sur axe; à pointes, pour les pièces à cylindrer.

Seraing possède toutes les variétés connues de ces deux types dans ses 300 appareils de l'espèce, de toute puissance, filetant, coupant, dressant les surfaces intérieures ou extérieures des pièces de tout volume: des cercles de douze mètres de diamètre, des arbres, des supports, des tiges de tout poids et de longueur dépassant de moitié ce diamètre.

La variété est la même, comme forme et comme puissance, pour les raboteuses, les mortaiseuses, les perceuses. Il n'est aucune des opérations, quelque considérable qu'elle soit, pouvant être exécutée mécaniquement, qui ne trouve l'outil nécessaire, la refonte du matériel, pour le maintenir à la hauteur de tout progrès réalisé par les usines qui s'occupent spécialement de la construction de l'outillage mécanique, ayant été constante.

Atelier de montage. Enfin, deux ateliers, un pour le montage des locomotives, l'autre pour le montage des grandes machines et des grosses œuvres mécaniques, concentrent les préparations faites dans la série des autres locaux : c'est là qu'elles sont assemblées.

Le premier est divisé, dans le sens de la largeur, en deux parties : une de vingt, l'autre de dix mètres.

Les chantiers de montage occupent la première partie. Ils sont installés vis-à-vis de grandes portes par lesquelles les locomotives, montées, sont livrées sur les lignes ferrées se raccordant au chemin de fer de Namur à Liége-Longdoz, Nord-Belge.

Une grue roulante passe sur les divers chantiers, portant ses moufiles au-dessus des machines en montage, et des bancs d'ajusteurs sont disposés vis-à-vis des chantiers.

La seconde partie comprend la grande mortaiseuse, pour le découpage des longerons, et les machines-outils pour les opérations diverses s'exécutant lors de l'achèvement des locomotives.

L'atelier de montage des grandes machines et de la grosse mécanique est divisé en trois sections dans le sens de la largeur, qui est de 90 mètres.

La section du milieu est réservée au montage. Les sections latérales ont reçu tout le gros outillage nécessaire pour les opérations les plus considérables de la préparation des pièces ; les tours à aléser les grands cylindres à vapeur et à vent ; des raboteuses planant des surfaces de dix mètres de longueur sur quatre mètres, montées sur fosses, pouvant recevoir, à toute hauteur, les pièces à dresser, de quelque volume qu'elles puissent être ; les grands tours, les machines à tailler les dents des gros engrenages, les grandes perceuses et mortaiseuses, les outils spéciaux pour parachèvement d'essieux coudés.

CHAUDRONNERIES.

Chaudronneries.

Les chaudronneries forment, en ce qui concerne les appareils et les chaudières de locomotives et de machines fixes, une des sections de préparations des moteurs à vapeur; mais une de leurs branches principales de travail consiste dans la construction des charpentes et des ponts métalliques.

Matériel.
Presse à emboutir.

Les locaux pour les premières de ces deux divisions du travail se composent de deux ateliers de remontage, de 100 sur 20 mètres. Ces ateliers, munis de l'inventaire ordinaire des industries de l'espèce: tours dormants, laminoirs à cintrer, forges portatives et forges ordinaires, machines à forer, à rogner, à raboter, à river, perçoirs, etc., possèdent, de plus, une forge spéciale avec presse à emboutir donnant des calottes sphériques, des fonds plats à bords relevés et toutes les pièces généralement quelconques de tôlerie à façonner à l'aide de moules.

Les deux ateliers de remontage sont reliés par un atelier de machines-outils, à toiture à éclairage latéral, où les pièces ayant à subir un travail spécial se préparent.

C'est dans ces locaux que s'exécutent les générateurs pour les machines fixes, pour les locomotives et les machines marines, ainsi que les appareils divers de chaudronnerie, à l'exception des ponts et des charpentes, qui se construisent dans le troisième atelier. *(Atelier des ponts.)*

Les proportions de celui-ci sont plus considérables. Il mesure :

125 mètres de longueur,

70 mètres de largeur,

et occupe ainsi une superficie de 8,750 mètres carrés, c'est-à-dire presque un hectare.

La charpente de ce vaste local est supportée par 170 colonnes. Comme les principaux locaux servant d'ateliers, ce dernier est aussi couvert par les toitures à éclairage latéral.

C'est dans cet atelier qu'ont été exécutées, en cinq mois, toutes les charpentes métalliques du Palais de l'Exposition de Bruxelles, dont la surface couverte est de 66,307 mètres carrés.

CHANTIER DE HOBOKEN.

Il nous reste à mentionner, dans l'ordre des divisions du travail, le chantier des constructions navales, établi au village de *(Chantier des constructions navales.)*

Hoboken, sur l'Escaut, à six kilomètres en amont d'Anvers. Ce chantier a remplacé celui qui se trouvait installé, depuis 1843, à Anvers, sur les terrains de l'esplanade du sud, et transporté plus tard au Kattendyk, même ville.

Le chantier de Hoboken comprend tous les ustensiles et agencements de ces sortes d'établissements : la chaudronnerie pour construction des coques de navires, l'atelier des machines-outils pour le travail du bois et du fer, la forge aux membrures et aux quilles, la menuiserie, l'ébénisterie, les cales, les coulisses et berceaux de lancement pour les navires de mer et bateaux de rivière, plus une darse pour l'armement et la réparation des navires.

Un chemin de fer et un tramway relient Hoboken à Anvers et à Seraing. Les puissants ateliers de Seraing peuvent ainsi apporter tout le concours nécessaire aux constructions et travaux qui s'exécutent au chantier de Hoboken.

SERVICE DES TRANSPORTS.

Service
des transports

Pour terminer la nomenclature des moyens mis en œuvre pour la marche des établissements Cockerill, il nous reste à dire que le service des transports compte 4 navires à vapeur chargeant 1,200 tonneaux (un 5ᵉ est en construction, c'est celui auquel est destinée la machine à hélice exposée), 2 barges à vapeur de 400 tonneaux, 25 locomotives de service, 38 kilomètres de voies ferrées, plus 30 chevaux, pour l'arrivage des matières de fabrication, les transports intérieurs et l'expédition des produits des établissements, mouvements se chiffrant par huit cent millions de kilogrammes.

PRODUCTIONS.

La liste des productions des usines Cockerill, à Seraing, est longue et embrasse la généralité des applications de la mécanique à la grande industrie.

Comme il a été dit précédemment, l'établissement de Seraing a été le développement ou plutôt l'amplification de l'œuvre de Cockerill père, de 1802 à 1813, au pont des Jésuites, à Liége, de James et de John Cockerill, après cette dernière date. — Les ateliers de Liége avaient fait, pour l'époque, des opérations colossales, ayant généralement pour objet les machines à filer la laine, le lin et les opérations de tissage.

**Premiers
moteurs à vapeur
construits à Seraing.**

De 1818, date des premières installations à Seraing, jusqu'en 1823, alors que John Cockerill y établit sa résidence, 43 machines à vapeur avaient été construites. — C'étaient des moteurs pour filatures, des machines d'extraction et d'épuisement pour houillères.

De 1824 jusqu'à la révolution belge de 1830, le nombre de machines à vapeur construites s'éleva à 158.

Le cercle s'était étendu. Les souffleries, les moteurs pour fabriques de fer, les moulins à vapeur, les machines marines surtout avaient fourni le principal contingent de travail. Les eaux néerlandaises étaient sillonnées de bateaux à vapeur portant des moteurs Cockerill ; la marine nationale avait reçu de Seraing des machines de 160, 180 et 240 chevaux nominaux ; des machines d'exhaure, de 200 chevaux, avaient été construites, entre autres, la machine à mouvement de rotation pour la houillère des Artistes, à Flémalle-Grande, près Seraing, prenant les eaux à 315 mètres, installée en 1829, démontée en 1872, après 43 années de service.

Navigation à vapeur.

**Machines
pour la marine
neérlandaise.
1824.**

**Première machine
d'exhaure à rotation.
1828.**

**Premier
bateau à vapeur
construit à Seraing,
en 1829.**

Enfin, l'établissement de Seraing avait, en 1829, construit un bateau à vapeur, avec machines de 80 chevaux, pour la navigation du Rhin, de Cologne à Mayence.

La révolution belge de 1830 arrêta complétement ce mouvement ascensionnel, en fermant, à l'usine belge, le débouché de la Hollande.

En 1831, on eut à achever 7 machines.

En 1832, on construisit 5 machines et un second bateau à vapeur pour le Rhin, semblable à celui qui avait été livré pour le même fleuve, en 1830.

En 1833, le calme se rétablissant, on construisit 13 machines.

En 1834, 21 machines.

En 1835, 19 machines :

15, ensemble, 150 chevaux ;

2 pour épuisement, 100 et 200 chevaux ;

2 pour bateaux, 70 et 110 chevaux ;

2 bateaux à vapeur.

Plus, pour l'État belge, *la première grande locomotive construite sur le continent*, avec les rails qui devaient la porter.

Les affaires industrielles reprennent alors une marche progressive : la création des chemins de fer va remplacer les débouchés perdus en 1830.

On construit :

En 1836, 30 machines fixes et 4 locomotives.

En 1837, 33 machines fixes, 13 locomotives, 4 machines marines, 2 navires de mer, 2 bateaux à vapeur pour la navigation fluviale.

En 1838, 25 machines fixes, 15 locomotives, 2 machines marines, 2 bateaux à vapeur.

En 1839, 25 machines fixes, 27 locomotives, 3 machines marines, 3 bateaux à vapeur, soit une force totale de 3,000 chevaux.

Machines du Haut-Pré. Liége. 1839.

Seraing fournit en outre, en 1839, à l'État belge, les organes mécaniques nécessaires à cette belle création du Haut-Pré, à Liége, comprenant 2 machines d'une force collective de 320 chevaux, pour le service du plan incliné d'Ans aux Guillemins, avec tous les accessoires de génération de vapeur et de transmission de mouvement, que les locomotives à fortes rampes, également construites à Seraing, ont, après trente-cinq années de service, permis de supprimer.

Puis la crise financière, la mort de John Cockerill, la liquidation qui doit en résulter, ayant pour conséquence la formation de la Société anonyme pour l'exploitation de ses établissements, pèsent sur Seraing.

La production des années 1840 à 1843 ne s'élève qu'au chiffre de l'année 1839, soit 24 machines fixes, 31 locomotives, 3 machines marines et 3 bateaux à vapeur; 1844 donne 12 machines fixes, 10 locomotives, 1 machine marine, un bateau à vapeur.

En 1845, le mouvement est plus considérable. L'établissement Cockerill, à Seraing, est chargé de la fourniture de l'un des moteurs principaux (240 chevaux de force) du chemin de fer atmosphérique de St-Germain, près Paris. Il exécute, pour l'industrie privée, 10 machines fixes, 3 fortes machines marines et 3 bateaux à vapeur; 2 des plus fortes machines d'épuisement alors connues, système Cornwall, fonctionnant encore aujourd'hui, pour le Bleyberg, et livre au chemin de fer 34 locomotives. Ce chiffre de production des locomotives est maintenu pour 1846 et 1847. Il monte à 46 pour 1848. On est alors, par suite des événements politiques, en pleine crise industrielle. Cependant, en outre des machines fixes, Seraing livre, la même année, six navires de mer et bateaux à vapeur, les premiers pour le service d'Ostende à Douvres, les autres pour la navigation du Rhin.

En 1849, 1850 et 1851, 13 bateaux à vapeur, plus 184 machines, sortent des établissements Cockerill. Ces machines comprennent celles de l'Exposition de Londres, qui obtiennent la grande médaille.

C'est à cette période que se rattache le concours du Semmering. Les termes du

programme obligent le jury à donner le
premier prix à une machine allemande, sans
valeur pratique. L'établissement Cockerill
obtient le second prix, et les principales
commandes lui sont attribuées pour fourniture des locomotives, modifiées, dans des
conditions remarquables, par M. le baron de
Engerth, directeur général des chemins de
fer de l'Autriche-Hongrie.

1852-1856.
Grand navire
transatlantique.

De 1852 à 1856, 236 machines fixes et
marines et 150 locomotives sortent des
usines Cockerill; 3 navires transatlantiques
de 2,000 tonnes de jauge sont construits :
le Congrès, entre autres, qui fait, comme
premier voyage en charge, le trajet de
Londres à Sydney en cinq jours de moins
que les meilleurs marcheurs anglais de
l'espèce.

Notons ici que la plupart des locomotives
construites à Seraing avaient été livrées,
comme premier matériel, aux lignes de chemins de fer qui se créaient dans les divers
États de l'Europe.

De 1857 à 1865, 583 machines fixes, 206
locomotives, 79 bateaux à vapeur et 30
barges, bateaux-phares, bateaux-pilotes et
dragues, sont construits, y compris 2 can-

nonnières blindées (monitors de 180 chevaux) avec tours, machines, affûts de canons, pompes, accessoires et rechanges, livrées au gouvernement russe (mai 1864), onze mois après commande.

Dans le nombre des machines exécutées pendant cette période est comprise la machine à rotation de 400 chevaux, du système Wolff, pour le Bleyberg, laquelle donne de magnifiques résultats, au point de vue de la consommation et de la régularité de marche.

Nous n'avons fait état, dans la nomenclature qui précède, que des machines à vapeur, des locomotives et des bateaux ou navires construits. Les groupes d'organes mécaniques pour sucreries, exploitations de mines, usines métallurgiques et mécaniques, pour les fabriques d'armes, le touage, forment un autre contingent principal de produits.

Ajoutons-y ce matériel, aussi savamment étudié que colossal, du percement du Mont-Cenis, fourni par Seraing, à partir de 1858 : compresseurs, aéromoteurs, roues et presses hydrauliques, perforateurs, affûts, et en général tout ce qui fut inventé, agencé, perfectionné par l'éminent ingénieur Sommeiller pour cette grande œuvre, et nous obtenons le chiffre de 26,170 commandes de matériel divers, exécutées alors par la grande usine.

Aujourd'hui, ce chiffre est de 48,840.

De 1866 à 1880, pour la partie mécanique, la construction des ponts, les objets de chaudronnerie indépendants des moteurs livrés, les navires et bateaux à vapeur, la Société Cockerill a donc exécuté 22,670 commandes pour l'extérieur dans ses divisions des forges, des ateliers de constructions mécaniques, des chaudronneries et du chantier des constructions navales.

Les ordres principaux se sont composés des sept nouvelles malles-poste faisant actuellement le service d'Ostende à Douvres; du premier steamer à l'américaine construit en Europe, pour le Volga; de navires de transport de 1er rang, notamment *le Delloye-Matthieu, le Khédive, l'Égypte, le Concha, le Barga, le Vena,* consommation 0k694 de charbon par force de cheval et par heure; *la Ville de Cambrai, la Ville de Lille,* tous pleinement réussis quant aux qualités à la mer, la marche rapide et la faible consom-

mation de combustible; *l'Allura* à coque
d'acier, dont la machine à hélice figure à
l'exposition de Bruxelles; *l'Alexandre II*,
navire genre américain, à double rang de
cabines et salons superposés; de nombreux
bateaux à vapeur et toueurs, pour rivières;
de machines soufflantes, système Seraing,
les plus belles qui existent; des organes
mécaniques des aciéries de Seraing, de la
Ruhr, du Prince Tenitscheff, de Woron-
soff et de diverses compagnies russes; de la
création de premier ordre des aciéries de la
Compagnie des forges de Châtillon et Com-
mentry; de ponts, tels que ceux du Dniester,
du Bug et des affluents du Volga; d'appareils
nombreux de compression d'air et de perfora-
tion; de machines Compound, de machines
réversibles, de machines d'extraction et
d'épuisement, de matériel complémentaire
pour tous les genres d'exploitations ou
d'usines, de coupoles cuirassées et des charpentes en fer du Palais de l'Exposition de la
présente année, à Bruxelles, du poids de
6,187,000 kilogrammes, fournies et mises en
place dans le cours d'un rude hiver, en
150 jours.

Cette liste de constructions de toute
espèce, de tout ordre et de tout rang, pour

Moteurs
et installations
complètes d'aciéries.

les diverses contrées principalement de l'Europe, mais aussi pour l'Égypte, la Chine, le Japon, l'Amérique, de 1817 à la présente année, donne la mesure de la vitalité des usines de Seraing, de la position qu'elles ont toujours occupée dans le monde industriel, au point de vue de l'étude scientifique et de l'exécution des fournitures qui leur ont été demandées ; des garanties absolues assurées à leurs commettants contre tout embarras ou tout mécompte, ainsi que de leur puissance de production, celle-ci s'obtenant par un personnel de 8,000 à 10,000 employés et ouvriers, 280 moteurs développant une force de 11,660 chevaux et les éléments dont le détail est donné dans les indications qui précèdent.

Il est un article de production industrielle que les établissements Cockerill n'avaient pas, jusqu'ici, abordé : ce sont les bouches à feu d'acier de campagne et de siége.

La Fonderie Royale de Liége jouissait d'une réputation universelle. Elle fabriquait les canons pour la Belgique et pour une série d'autres États. Elle tenait, en cela, un rang important dans l'industrie belge, qui devait s'attendre à ce que le Gouvernement y fît les installations nécessaires pour main-

tenir une telle situation, l'acier se produi-
sant en Belgique dans les mêmes conditions
qu'ailleurs.

La Société Cockerill, désirant fournir la
preuve qu'il en était ainsi quant à l'acier,
construisit, en 1871, une pièce de campagne,
de ce métal, qui fut soumise, en 1872, aux
essais d'une Commission spéciale instituée
par le Gouvernement belge.

Cette Commission avait pour mission de
s'assurer :

A. De la dureté de l'acier ;

B. De la résistance de cet acier à l'action
corrosive des gaz de la poudre et à l'écla-
tement.

Les essais eurent lieu sur la pièce forée
d'abord au calibre de 4, puis, après premier
tir, au calibre de 6 (95^{m},^{m}5). Ils furent
poussés à toute outrance, sans qu'aucune
dégradation de la pièce pût être constatée ;
l'âme du canon resta intacte, et l'acier Bessemer fut déclaré, par la Commission, conve-
nable, sous tous rapports, pour la fabrication
des canons belges.

Néanmoins, nulle disposition ne fut prise
par l'État à la suite de ces essais ; les canons
belges continuèrent à être commandés en
Allemagne.

C'est dans ces circonstances que la Société

Cockerill s'est décidée à reprendre cette fabrication, et elle expose, à Bruxelles, comme spécimens :

1°. Un canon de cavalerie de campagne, fermeture à coins cylindro-prismatique, et un autre canon semblable, fermeture française; tous deux montés sur affûts d'acier du système général Engelhard ;

2°. Un canon de montagne avec affût ;

3°. Un canon de 15 centimètres, de siège, fermeture à coins cylindro-prismatique.

IMMEUBLES & MATÉRIEL.

Les immeubles et l'outillage des usines de Seraing, portés au bilan de 1877 pour la somme de quinze millions huit cent-cinquante-cinq mille francs, représentent un capital beaucoup plus élevé, ces valeurs ayant été frappées, d'exercice en exercice, d'amortissements très-considérables.

SITUATION DES USINES COCKERILL VIS-A-VIS DE LA CONCURRENCE.

C'est de cette valeur immobilisée, plus de son fonds de roulement, dont la Société Cockerill dispose pour la lutte qu'elle soutient contre la concurrence, dans des conditions fort inégales quant à l'extension du marché sur lequel elle peut opérer. Nous ne parlons pas des usines belges, celles-ci se trouvant dans la même situation défavorable, mais des usines des contrées voisines : l'Allemagne et la France.

L'Allemagne avait aboli les droits d'entrée sur les produits de la métallurgie, mais elle ferme soigneusement sa porte à toute fourniture de l'étranger. Du reste, rien ne sert de concourir ni d'être le plus bas soumissionnaire : un génie bienfaisant couvre de sa protection la production nationale, et l'étranger est presque toujours écarté.

La France est, quant aux mêmes produits, régie par les lois obtenues par « M. Prohibant, » de Dupin et de Bastiat. Tout revient de droit à l'industrie locale, dans un pays à l'entrée duquel la tonne de fer paie 60 francs, la tonne de rails et bandages d'acier 90 francs, dont le tarif des douanes porte, pages 41 : « Barres acier, entrée, fr. 33 »₀» kil. (voir Ouvrages en acier, page 72), » et à celle-ci : « Ouvrages en acier, entrée : Prohibés. »

Aussi, sous ce régime, qui favorise dans les vastes États voisins, d'une manière aussi illimitée, les métallurgistes et les constructeurs, aux dépens de ceux qui ne le sont pas, a-t-on dû voir les créations industrielles se développer, aux époques de reprise d'affaires, avec exubérance.

C'est contre cette protection que les hommes de la direction des usines Cockerill ont eu à soutenir la lutte la plus ardue, à mesure que les industries similaires se sont développées en France et en Allemagne.

Car les usines protégées, trouvant une rémunération plus que suffisante de leurs services pour les besoins locaux, entrent en lutte dans les contrées où la concurrence libre peut s'exercer, au prix coûtant du complément forcé de leur production, ce qui force les usines belges à vendre toujours, taux maximum, à ce prix coûtant des usines protégées.

La position a ses rigueurs, car l'industrie belge vit d'exportation.

FONDATEURS, DIRECTEURS ET PRINCIPAUX COOPÉRATEURS.

Fondateur. Le premier de ces hommes de Seraing fut donc John Cockerill lui-même.

Nous avons indiqué les traits principaux

de sa vie industrielle, et nous rappelons ici sa participation, en 1802, à la construction, par son père, sur le continent, des premières machines à filer la laine, puis des machines à filer le lin ; la construction par lui et son frère James, à Seraing, en 1817, des premières machines à vapeur ; l'installation sur le continent à Seraing du premier four à coke, du premier haut-fourneau au coke, de la première fabrique de fer par les procédés anglais : fours à puddler, à souder, laminoirs, marteaux, inaugurée en 1826 ; les grandes machines pour l'exhaure et la navigation construites alors ; le premier rail et la première locomotive fournis par Seraing, en 1835, pour le chemin de fer construit de Bruxelles à Malines et Anvers.

La marche des usines de Seraing peut être divisée en trois périodes principales : la première, partant de 1817 et finissant en 1840, à la mort de John Cockerill ; la seconde, prenant cours à la formation de la Société pour l'exploitation des usines Cockerill (avril 1842) et se clôturant en 1864, époque de laquelle date la subdivision de l'établissement dans ses conditions actuelles ; la troisième, de cette subdivision jusqu'à l'époque présente.

Division de la marche des usines Cockerill en trois périodes principales.

Premiers directeurs de Seraing.

Nous avons cité les noms des premiers directeurs de Seraing : Martin Poncelet, puis Pierre Wéry, pour la construction mécanique ; Gustave Pastor, attaché à la maison Cockerill en 1817, directeur d'abord de la métallurgie, puis, en 1829, de l'ensemble des usines de Seraing, cette direction se terminant en 1866, après 37 années vouées en entier à l'extension et à la marche fructueuse de ces usines, auxquelles il avait consacré ses vastes connaissances, sa grande prudence et son expérience consommée.

Principaux collaborateurs.

Nous ne pouvons, dans cette monographie, passer sous silence les noms de l'ingénieur retraité H. Brialmont, créateur de moteurs et d'agencements divers qui resteront les types parfaits de l'art du constructeur-mécanicien ; de l'ingénieur en chef, J. Kraft, actuellement en service ; des chefs de service : A. Greiner, J. Résimont, E. Wathieu, L. Thiry, P. Hacha, N. François, J. Dellevaux, que S. M. le Roi des Belges a décorés de son Ordre ; de l'ingénieur en chef des charbonnages, A. Daxhelet ; du directeur des constructions navales, F. le Carlier ; des chefs de service : M. François, H. Biquet, L. Jacques, S. Jacquemin et A. Sadoine, qui, généralement, dans la sphère de leurs attributions, ont rendu à la Société Cockerill, des services distingués.

Depuis 1866, les établissements de la Société John Cockerill sont régis par M. Eugène Sadoine, administrateur-directeur-général. C'est sous sa direction que se sont faits l'aménagement de la houillère Collard ; l'acquisition des 2/5 de la concession des mines de houille de l'Espérance, et l'acquisition des minières de Somorrostro (Espagne) ; la création du service pour le transport par mer, puis par les canaux belges, de ces minerais, des fontes et des produits des usines de Seraing ; la construction, usine et matériel, de la seconde fonderie de pièces mécaniques ; celle des hauts-fourneaux à fonte d'acier et de leur réunion, à niveau de la plate-forme supérieure, pour le coke, avec les Appold de Collard, pour les minerais, avec le dépôt établi sur la montagne de schiste, dépôt se raccordant, d'une part, au chemin de fer de Namur-Liége, de l'autre, à la Meuse, accessible dans les deux sens par un service de locomotives ; la création de la nouvelle fonderie et de la nouvelle halle des laminoirs à

Direction actuelle.

acier; le premier laminoir réversible pour la tôlerie; l'agrandissement des anciennes halles des aciéries, des forges, des ateliers de construction et de la chaudronnerie; la construction de l'atelier des ponts; la création du chantier de Hoboken (Anvers); les réfectoires, les maisons ouvrières, allée du Prince; la pharmacie, l'orphelinat; la création des écoles tenues, de 4 à 6 heures, chaque jour, aux houillères, pour la préparation des enfants et adultes de cette division, aux cours de l'école des mineurs fondée, en 1873, par les charbonnages du bassin; l'institution de la caisse des pensions des employés et de la caisse d'épargne pour le personnel; enfin, la suppression, en 1868, du travail des femmes à l'intérieur des charbonnages de la Société.

CONCLUSION

On peut inférer de ce qui précède que, nonobstant la protection accordée, dans les grands centres voisins, aux industries similaires, à mesure qu'elles naissaient et se développaient, la métallurgie et la construction mécanique belges, notamment les usines de Seraing, ont pu conserver jusqu'à présent, par l'énergie de ceux qui les ont dirigées et celle des ouvriers de la contrée, la position qu'elles s'étaient faite au début.

Seraing est un coin de terre privilégié. Rien n'y a manqué : ni la beauté des lieux, ni la richesse du sol, ni celle du sous-sol, ni la valeur industrielle de la population.

Celle-ci compte actuellement, pour la localité, 26,000 âmes. Si l'on y ajoute la population des villages qui prolongent Seraing ou s'y relient par les ponts sur la Meuse, ce groupe de travailleurs industriels monte à plus de 50,000 âmes, dans un rayon de quelques kilomètres.

On ne peut attribuer aux usines Cockerill seules le développement si accusé de la population et de la richesse publique de ce centre qu'on nomme le bassin de Seraing : les cristalleries du Val-St-Lambert, les grandes houillères de Marihaye, les hauts-fourneaux et charbonnages de l'Espérance, la fabrique de fer et les hauts-fourneaux d'Ougrée, les charbonnages et hauts-fourneaux de Sclessin, enfin, d'autres houillères, fournissent leur contingent actif de rémunération du travail ou des services, de multiplication de la richesse de Seraing et des communes qui s'y relient.

Est-il nécessaire cependant d'ajouter que le courant fortuné n'est pas continu ; que ces usines et houillères subissent d'autant plus les influences pesant d'une manière défavorable sur la situation du marché industriel, que les conditions dans lesquelles elles se meuvent ne sont pas celles de la libre concurrence ?

De loin en loin se manifestent des excès de hausse de prix, qui donnent lieu à des modifications considérables du régime économique des usines et des populations locales.

Puis arrivent, d'autant plus vivement senties, les perturbations résultant de modifications dans les procédés de fabrication, ou de produits industriels nouveaux, de la diffusion toujours plus étendue des groupes producteurs, du trop-plein, de la situation politique, de la situation financière : la gêne, enfin, pour tous.

Il faut alors, se fondant sur la valeur acquise par la réforme constante du matériel, par l'introduction des procédés les plus économiques de bonne production, par l'avancement intellectuel, physique et moral des travailleurs, continuer la tradition constante de Seraing : être fort, suivre la devise de Cockerill « Courage to the last » et vaincre.

TABLE DES MATIERES